고구려를 넘어서

스푼북은 마음부른 책을 만듭니다. 맛있게 읽자, 스푼북!

고구려를 넘어서

개정판 1쇄 발행 2017년 01월 15일
개정판 5쇄 발행 2020년 03월 02일

글 강효미 | 그림 윤정미

ⓒ 2016 강효미
ISBN 979-11-9601-021-8 73910

* 저작권법에 의하여 한국 내에서 보호를 받는 저작물이므로 무단 전재와 무단 복제를 금합니다.
* 이 도서의 국립중앙도서관 출판시도서목록(CIP)은 e-CIP홈페이지(http://www.nl.go.kr/ecip)와
  국가자료공동목록시스템(http://www.nl.go.kr/kolisnet)에서 이용하실 수 있습니다. (CIP제어번호 : CIP2017001915)
* 책값은 뒤표지에 있습니다.

발행처 주식회사 스푼북 | **발행인** 박상희 | **출판신고** 2016년 11월 15일 제2017-000267호
제조국 대한민국 | **주소** (03993) 서울시 마포구 월드컵북로 6길 88-7 ky21빌딩 2층
전화 02-6357-0050(편집) 02-6357-0051(마케팅)
팩스 02-6357-0052 | **전자우편** book@spoonbook.co.kr
*10세 이상 어린이 제품

	제품명 고구려를 넘어서	**제조자명** 주식회사 스푼북	**제조국명** 대한민국	⚠ 주 의
	전화번호 02-6357-0050			
	주소 (03993) 서울시 마포구 월드컵북로 6길 88-7 ky21빌딩 2층			아이들이 모서리에 다치지
	제조년월 2020년 03월 02일	**사용연령** 10세 이상		않게 주의하세요.
	※ KC마크는 이 제품이 공통안전기준에 적합하였음을 의미합니다.			

광개토 대왕릉비에 담긴 마음

고구려를 넘어서

강효미 글 | 윤정미 그림

스푼북

작가의 말

몇 해 전, 광개토 대왕릉비의 비밀을 밝히는 역사 다큐멘터리를 본 적이 있어요.

광개토 대왕릉비에 대해 막연히 알고 있다가 사람 키의 몇 배나 되는 커다란 비석을 보니 입이 떡 벌어졌어요. 저렇게 큰 돌은 어디에서 구했을까? 저 많은 글자는 다 어떻게 새겼을까? 무엇보다도 궁금했던 것은 대체 광개토 대왕이 어떤 왕이었기에 평생의 업적을 꼼꼼하게 새긴 비석을 남길 수 있었느냐 하는 것이었어요.

광개토 대왕은 역사책에 단 몇 줄로만 전해지던 왕이었어요. 그러다 숲에 쓰러져 오랜 세월 숨겨져 있던 광개토 대왕릉비가 1880년대에 발견되면서 광개토 대왕의 위대한 업적도 세상에 드러나게 되었지요.

광개토 대왕이 왕의 자리에 올랐을 때 고구려의 정세는 상당히 좋지 않았어요. 주변국들은 고구려를 호시탐탐 노리고 있었지요. 어려움 속에서도 광개토 대왕은 요동 지방까지 영토를 넓히고 백제와 왜를 무찔러 고구려의 전성기를 맞이하게 하였어요.

그렇다고 광개토 대왕이 그저 정복 왕에 불과했을까요? 광개토 대왕은 누구보다 백성들의 편안한 삶을 원했던 왕이었습니다. 광개토 대왕릉비에는 광개토 대왕이 다스리던 시기를 '나라가 부강하여 백성이 편안했으며 오곡이 풍성하게 익었다'라고 기록하고 있으니까요.

주변 나라로부터 고구려를 지키려 했던 광개토 대왕의 노력이 무색하게 오랜 세월이 흐른 지금도 이웃 나라들의 만행은 계속되고 있어요. 일제 강점기 때 일본은 광개토 대왕릉비의 글자를 석회로 문질러 조작하려고 했어요. 왜가 고구려의 속국이었다는 사실을 감추기 위해서였지요. 최근에는 중국이 고구려의 역사를 중국의 역사로 편입시키려는 어처구니없는 시도를 하기도 했어요.

　광개토 대왕의 역사는 누구도 부정할 수 없는 우리 민족의 자랑스러운 역사예요.

　어려움에 처했을 때 지레 포기하거나 겁을 먹은 적이 있나요? 그렇다면 멘토가 되어 줄 광개토 대왕을 이 책을 통해 만나 보세요. 광개토 대왕의 놀라운 용기가 여러분에게 전해질 거예요. 그리고 가상의 인물 '호'를 따라가며 광개토 대왕에게 본받을 점은 무엇인지 곰곰이 생각해 보는 시간을 가져 보아요.

　자, 그럼 광개토 대왕을 찾으러 드넓은 고구려로 가 볼까요?

강효미

작가의 말 · 4

고구려의 왕자 담덕 · 8

영락 대왕으로 불리다 · 26

관미성에서 싸우다 · 40

계속되는 전쟁 · 58

광개토 대왕릉비에 담긴 마음 · 86

고구려의 왕자 담덕

"천천히 달리시옵소서!"

"그러다 다치십니다!"

말을 탄 소년이 드넓은 들판을 내달리고 있었다. 소년은 고구려의 태자 담덕이었다. 그 뒤를 말을 탄 신하들이 쫓았다.

"나를 이기는 자에게 상을 내리겠다!"

담덕의 당돌한 말에 신하들은 난처한 눈빛을 주고받았다. 태자가 탄 말을 앞질렀다가는 큰 벌을 받을 수도 있기 때문이었다.

"무얼 하느냐? 일부러 천천히 달린다면 큰 벌을 내릴 것이야!"

"예!"

그제야 신하들은 말에 채찍질을 하며 속도를 냈다.

"이랴! 이랴!"

담덕도 있는 힘껏 고삐를 잡고 달렸다.

담덕은 비록 열다섯 살의 어린 나이였지만, 승부욕은 누구보다 강했다. 그래서 신하들을 상대로 자주 시합을 벌이곤 했다.

"헉헉."

담덕의 숨이 목 끝까지 차올랐다. 작은 체구로 어른을 이기는 것은 버거운 일이었다. 담덕은 곧 여러 신하들에게 따라잡혔다.

결국 맨 뒤로 처지고 나서야 담덕의 말은 걸음을 멈추었다.

"내가 졌구나! 그것도 꼴찌를 하고 말았어."

"하지만 전보다 빨라지셨습니다."

담덕은 승부욕이 강했지만 한번 승부가 결정 나면 깨끗하게 받아들였다.

담덕이 신하들과 대화를 나누고 있을 때 숲에서 하얀 토끼 한 마리가 나타났다.

"모두 활을 꺼내어라!"

가장 먼저 활을 쏜 것은 담덕이었다. 활은 토끼의 몸통을 살짝 비껴갔다.

깜짝 놀란 토끼가 후다닥 도망가기 시작했다.

휙! 휙! 휙!

여기저기에서 활이 쏟아졌다. 하지만 토끼는 이미 감쪽같이 사라진 뒤였다.

"나의 활쏘기 실력만 형편없는 것이 아니로구나. 내일부터는 활쏘기 특별 훈련을 해야겠다."

"그래야겠습니다. 껄껄."

모두 큰 소리로 웃었다.
그때였다.
"저하! 저하!"
왕을 모시는 신하가 급히 달려왔다.
"무슨 일이냐?"
"폐하가 저하를 찾으십니다."

"아바마마가? 알겠다. 이랴!"

담덕은 말 머리를 궁궐 쪽으로 돌리며 신하들에게 말했다.

"참으로 재미있는 경주였다. 오늘도 내가 지고 말았지만, 언젠가는 너희들을 반드시 이길 테니 두고 보아라."

"예! 기대하겠습니다."

"이랴! 궁궐로 가자!"

담덕은 아쉬운 표정으로 돌아섰다.

고국양왕은 침전에서 태자를 맞이했다. 얼굴에는 병세가 완연했다.

"오늘도 말을 탔느냐?"

"그렇습니다."

"활도 쏘았느냐?"

"그렇습니다."

"글공부도 하였느냐?"

"……."

담덕은 아무 말도 하지 못했다.

"태자는 들어라. 무예를 기르는 것도 중요하지만, 학문을 갈고닦아야 장차 훌륭한 왕이 되어서 나라를 잘 다스릴 수 있느니라. 저기 태학에서의 소리가 들리느냐?"

태학은 담덕의 큰아버지인 소수림왕이 세운 대학으로 귀족의 자식들에게 학문과 무예를 가르치는 곳이었다.

태학에서 글을 읽는 소리가 낭랑하게 들려왔다.

"예."

"귀족의 자식들도 무예뿐 아니라 학문까지 고루 익히고 있다. 우리를 호시탐탐 노리는 적은 칼과 무기로만 이길 수 있는 것이 아니니라. 병법을 짜고 장수들을 다루며 기술을 발전시켜 백성들이 편안하게 지낼 수 있게 하는 것 모두가 학문을 갈고닦는 데에서 나오는 것이니라."

"앞으로는 글 읽는 일을 게을리하지 않겠습니다."

왕은 연거푸 마른기침을 했다.

"아바마마, 건강이 많이 나빠지신 것 같아 소자는 걱정이 되옵니다."

"새로 쌓은 미천왕의 능 근처에 또 백제 군사 몇이 침범하였다는구나."

"그것이 정말입니까?"

"무사히 물리쳤다고는 하나 또다시 옛날의 끔찍한 일이 반복될까 봐 이 아비는 걱정이 되는구나. 미천왕의 능을 왜 새로 쌓아야 했는지 태자는 잘 알고 있겠지?"

"물론입니다."

담덕은 고국양왕에게서 귀에 못이 박히게 들은 과거의 치욕스러운 일들을 떠올렸다.

고구려의 북쪽에는 연나라가 자리 잡고 있었다. 연나라는 오래전부터 호시탐탐 고구려를 노리고 있었다.

그러던 342년, 연나라 왕 모용황이 이끄는 군대가 고국원왕이 다스리던 고구려에 쳐들어왔다. 고국원왕은 있는 힘껏 싸웠지만 전투에서 지고 말았다.

모용황은 고구려에 승리한 것만으로는 성에 차지 않았다.

"이번에는 승리하였지만 고구려가 언제 다시 연나라에 복수의 칼날을 갈지 모른다. 고구려는 무시해서는 안 되는 나라야. 이번 기회에 고구려를 완전히 무릎 꿇게 해야겠다."

"어떻게 하실 겁니까?"

"고국원왕의 어미와 왕비를 연나라로 데리고 가야겠다. 물론 그것만으로는 부족하지……."

모용황은 왕모 주씨와 왕비를 비롯해 고구려 백성 오만여 명을 포로로 잡아갔다. 그리고 그것도 모자라 고국원왕의 아버지 미천왕의 무덤을 파서 시신까지 가져갔다.

"시신을 되찾기 위해서라도 고국원왕은 우리에게 납작 엎드릴 것이다! 크하하하."

"정말 훌륭한 생각입니다."

이 사실을 알게 된 고국원왕의 몸이 부들부들 떨렸다.

"감히 아바마마의 시신을 훔쳐 가다니, 용서할 수 없다!"

고국원왕은 화가 끓어올랐지만, 고구려의 군사들은 모용황과의 전투로 무척 쇠약해져 있었다. 연나라에 섣불리 쳐들어갔다가는 질 게 뻔했다.

"분하다. 하지만 우선 아바마마의 시신을 돌려받아야 하니……."

고국원왕은 이를 악물고 연나라에 신하의 예를 갖추는 편지를 썼다.

고국원왕이 노력한 결과 이듬해, 미천왕의 시신을 겨우 돌려

받을 수 있었다. 하지만 왕모 주씨는 355년이 되어서야 다시 고구려로 돌아올 수 있었다.

고국원왕은 아버지 미천왕의 능을 새로 쌓아서 시신을 편안하게 모시고 싶었다.

"왕릉을 새로 짓는 데에 최선을 다하여라! 하나라도 소홀히 넘어가서는 안 될 것이다!"

"예!"

고국원왕 때는 고구려가 가장 힘든 시기였다. 고구려 역사상 가장 큰 패배였던 연나라와의 전투에 이어서 백제와도 큰 전투를 치러야 했다.

백제를 다스리는 근초고왕은 매우 뛰어난 왕이었다. 무서운 속도로 백제의 힘을 키워 나가며 고구려를 공격했다. 이에 맞서 369년 9월, 고국원왕이 백제의 치양성을 공격했지만 지고 말았다. 그러자 371년, 근초고왕이 고구려에 쳐들어왔다.

근초고왕은 평양성까지 밀어닥쳤다.

"폐하, 서둘러 피란을 떠나셔야 합니다."

"나라가 위기에 처했는데 피란이라니, 안 될 말이다."

고국원왕은 신하들을 뿌리치며 군대를 이끌고 전쟁터로 나갔다.

"고구려의 왕은 들으라! 당장 평양성을 우리에게 내놓고 항복하라!"

"감히 항복이란 말을 입에 올리다니! 우리 고구려군은 끝까지 싸울 것이다!"

"좋다, 공격이다!"

고구려군은 백제군에 맞서 있는 힘껏 싸웠다. 고국원왕은 전투를 직접 지휘하며 군사들의 사기를 북돋았다.

그때, 맨 앞에서 지휘를 하던 고국원왕이 갑자기 가슴을 부여잡고 쓰러졌다. 백제군이 쏜 화살에 맞은 것이다.

"폐하! 폐하!"

"폐하가 화살을 맞으셨다! 어서 의원을 부르라!"

"태자…… 태자에게 전해라. 아비 대신 고구려를 부탁한다고……."

고국원왕은 마지막 유언을 남기고 끝내 눈을 감고 말았다.

고국양왕은 침상에 누워서도 아버지 고국원왕의 끔찍한 죽음이 떠오르는 듯 얼굴을 찌푸렸다.

"고국원왕의 억울한 죽음을 한시도 잊어서는 아니 된다."
"예."
"우리 고구려의 상황은 고국원왕 때와 조금도 달라지지 않았다. 위로는 연나라가 노리고 있고, 아래로는 백제가 언제든 우리와 맞설 준비를 하고 있지."
"잘 알고 있습니다."
하지만 대답과는 달리 담덕의 마음은 여전히 벌판에 있었다.
'아까 활을 좀 더 신중하게 쏘았더라면……'
다시 한 번 말을 타고 활을 쏘아 볼 생각뿐이었다.
그 순간 갑자기 고국양왕이 고통스러운 듯 몸을 떨었다.
"아바마마!"
"아아, 나는 괜찮다."
고국양왕의 얼굴은 창백했고 손도 파르르 떨렸다.
왕은 담덕의 손을 잡고 말했다.
"태자, 너에게 줄 것이 있다."
"그것이 무엇입니까?"
고국양왕의 분부에 따라 신하가 태자에게 건넨 것은 활이었다. 비록 낡았지만 평범한 활처럼 보이지는 않았다.
"이 활은 우리 고구려를 세운 동명 성왕의 것이다. 동명 성왕

은 활을 잘 쏜다는 뜻의 '주몽'이라고 불리셨지. 이 활은 대대로 고구려의 태자에게 물려 내려온 것으로, 나 역시 네 나이 때 이 활을 선물 받았다. 앞으로 우리가 위기에 처하면 이 활을 가지고 나가 싸워라."

"아바마마……."

활을 건네받은 담덕의 손끝이 떨렸다. 손아귀에 활의 강한 힘이 느껴졌다.

"태자, 네가 당분간 이 아비 대신 나랏일을 돌보아 줄 수 있겠느냐?"

"예? 제가 어찌……."

담덕의 말문이 턱 막혔다.

열세 살의 나이로 태자가 된 담덕은 지금까지 말타기와 활쏘기에만 관심을 두었다. 이렇게 빨리 나랏일을 맡게 되리라고는 상상하지 못했다.

"나는 오래 살지 못할 것 같구나. 이제 네가 나랏일을 돌보며 주변으로부터 우리 고구려를 지킬 수 있는 방법을 고민해 보아라."

"예, 아바마마."

그제야 담덕은 입술을 굳게 다물고 고개를 끄덕였다.

"이 활로 우리 고구려를 강한 나라로 만들겠습니다."

다음 날, 고국양왕이 아닌 담덕이 나타나자 신하들은 깜짝 놀랐다.

"오늘부터 병상에 계신 아바마마 대신 내가 일을 볼 것이다."

어린 태자의 말에 모두들 웅성거렸다.

"태자는 아직 너무 어리신데……."

"아무것도 모르시는 태자가 어찌……."

"조용해라!"

담덕은 주먹을 불끈 쥐고 소리쳤다.

"모두들 342년에 있었던 전쟁을 기억하느냐! 우리는 연나라에 패해서 수도를 빼앗기고 수많은 백성들을 포로로 떠나보내야 했다. 그뿐이더냐? 371년에는 백제의 공격을 받아서 선대 왕인 고국원왕이 죽음을 당하셨다. 나는 반드시 우리 고구려를 강한 나라로 만들어서 연나라와 백제를 무너뜨릴 것이다. 그리하여 고구려를 누구도 넘볼 수 없는 강한 나라로 만들 것이다!"

담덕의 목소리가 궁 안에 울려 퍼졌다.

어린 태자의 위엄 있는 모습에 신하들은 감히 고개를 들지 못하였다.

이날부터 담덕은 학문과 무예를 갈고닦는 데에 최선을 다했다. 뿐만 아니라 고구려를 어떻게 하면 더 강력한 나라로 만들 수 있을지, 어떻게 하면 백성들이 더 편안하게 살 수 있는지 고민하였다.

영락 대왕으로 불리다

391년, 담덕은 왕위에 올랐다. 그의 나이 열여덟 살이었다.
담덕에게 왕위를 물려준 고국양왕은 곧 눈을 감았다.
"이제 우리 고구려는 너의 손에 달려 있다."
"아바마마! 명심하겠습니다."
담덕은 왕위에 오르자마자 신하들 앞에서 선언했다.
"지금까지 고구려는 중국 왕조의 연호를 사용했다. 하지만 이제부터는 고구려도 우리만의 연호를 쓰겠다."
연호란 임금이 즉위한 햇수로 해를 세는 방법이다. 지금까지 고구려는 중국의 연호를 따라 쓰고 있었다. 고구려만의 독자적인 연호를 쓰겠다는 것은 고구려가 자주 국가임을 널리

알리는 것이나 다름없었다.

"그게 무슨 말씀이시옵니까? 우리만의 연호를 썼다가는 중국의 미움을 살 수도 있사옵니다."

"중국이 두렵단 말이더냐? 앞으로 우리 고구려가 중국보다 넓고 힘이 센 나라가 될 것인데 무엇이 두렵단 말이냐!"

담덕은 호통을 쳤다.

"연호는 영락으로 할 것이다. 그렇게 알아라!"

영락이란 오래오래 즐겁다는 뜻이다. 고구려가 백성들이 오래오래 즐겁고 행복한 나라가 되었으면 좋겠다는 의미가 담겨 있다. 그 뒤로 담덕은 백성들에게 영락 대왕이라고 불리게 되었다. 죽은 뒤에는 시호인 광개토 대왕으로 불렸는데, 시호란 임금이 죽은 뒤 붙여지는 이름이다.

연호를 정한 광개토 대왕은 그다음으로 법을 정비했다.

백성들을 다스릴 법이 없었을 때에는 같은 죄를 지은 죄인들이라도 누가 처벌하느냐에 따라 형벌이 각각 달랐다. 그리하여 광개토 대왕의 큰아버지인 소수림왕이 373년에 법을 만들어서 반포했다. 하지만 문제는 이 법이 잘 지켜지고 있지 않다는 것이었다.

"어떤 죄를 지은 죄인이든 법에 따라 판결하도록 하라!"

광개토 대왕은 법을 엄격하게 지키라고 명했다. 그러자 나라 안에 크고 작은 범죄들이 사라졌다.

"앞으로 큰 전투를 치르려면 훌륭한 군사들이 많이 필요하다. 태학을 통해 인재를 키우고는 있으나, 태학에는 귀족 자식들만 입학할 수 있다는 문제가 있다. 앞으로는 사냥 대회를 열어서 전국의 훌륭한 젊은이들을 가려야겠다."

광개토 대왕은 사냥 대회를 통해 전쟁에 내보낼 군사들을 직접 뽑기로 했다.

광개토 대왕이 뽑은 군사들은 용맹했다. 이윽고 백제와의 첫 전투가 벌어졌다. 광개토 대왕은 전쟁터에서 직접 군사들을 지휘했다.

"백제군의 수는 얼마나 되는가?"

"얼마 되지 않습니다."

"그렇다면…… 좋은 수가 있다."

광개토 대왕은 꾀를 내었다.

고구려군은 백제의 지형을 잘 몰라서 길을 잃은 척 하며 점점 깊은 산속으로 도망쳤다. 그 결과 백제군을 깊은 산속의 막다른 절벽까지 몰 수 있었다. 그런 다음 백제군을 한꺼번에 사로잡았다.

고구려군은 큰 피해 없이 전투에서 승리할 수 있었다. 왕위에 오른 지 두 달 만에 이룬 광개토 대왕의 첫 승리였다.

"대단한 병법입니다."

"대왕마마 만세! 영락 대왕 만세!"

'이번 전투는 상대가 적은 수라 쉽게 승리할 수 있었다. 하지만 큰 전투를 치르려면 지금의 군대로는 힘들 것인데…… 분산되어 있는 군대를 어찌하면 하나로 모을 수 있을까?'

고구려는 귀족들의 힘이 센 나라였다. 귀족들은 많은 재산을 가지고 사병이라 불리는 자신들만의 군대를 키웠다. 나라에 큰 전쟁이 나면 제각각 훈련을 받던 사병들을 모아서 전투를 치러야 했기 때문에 힘을 하나로 모으기 힘들었다.

광개토 대왕은 깊은 고민에 빠졌다.

한편, 귀족들은 백제에 승리를 거둔 것을 기념하기 위해서 대대로의 집에 모여 매일 밤 연회를 벌였다.

대대로는 고구려에서 가장 높은 벼슬아치이자 귀족들의 우두머리였다.

"우리가 드디어 백제에게 승리를 거두었습니다!"

"십 년 묵은 체증이 싹 내려가는 듯합니다. 안 그렇습니까?"

"폐하가 비록 어리긴 하나 대단한 병법을 가지고 있는 듯해요."

그 말을 들은 대대로가 못마땅한 표정을 지으며 말했다.

"허허, 겨우 한 번 이긴 것을 가지고 뭘 그리 요란을 떠시오. 소가 뒷발로 쥐 잡은 격이지!"

그러자 모두들 고개를 끄덕였다.

"맞습니다. 사실 이번 전투도 백제군이 워낙 적은 수라 이길 수 있었지요."

"폐하가 아니라 누구라도 손쉽게 이길 수 있었을 겁니다."

"맞습니다. 폐하는 아직 너무 어리지요."

"어리니 다행이지 않은가? 어차피 고구려는 우리 귀족들의 나라야. 왕을 꼭두각시로 만들어서 우리 뜻대로 나라를 다스리자고!"

"껄껄, 그럼 되겠군요."

"여기 술을 더 내오너라!"

그때였다.

별안간 연회장 안에 철갑 옷을 입은 광개토 대왕이 들어섰다. 광개토 대왕의 목에는 전쟁 중을 뜻하는 붉은 손수건이 둘러져 있었다.

갑작스러운 광개토 대왕의 등장에 귀족들은 모두 놀라서 땅에 엎드렸다.

"폐…… 폐하!"

"이런 누추한 곳까지 어찌……."

"전쟁의 승리를 기념하는 연회가 열린다고 하여 와 보았다. 내가 못 올 곳을 왔더냐?"

"아, 아닙니다. 그런 것이 아니오라……."

"그런데 밖에서 듣자 하니 뭐? 나를 꼭두각시로 세우겠다고?"

광개토 대왕의 목소리가 연회장에 쩌렁쩌렁 울렸.

귀족들은 두려움에 감히 고개를 들 수 없었다.

"죽여 주시옵소서!"

"술김에 한 말이옵니다."

"좋다. 용서하여 주겠다."

"성은이 망극하옵니다."

"하지만 모두들 들어라! 우리 고구려는 이제 백제를 한 번 이겼을 뿐이다. 그것도 아주 작은 전투에서 말이다. 아직 잔치를 벌이기에는 이르다."

귀족들은 아무 말도 하지 못하였다.

"앞으로 더 큰 전투들이 매일같이 벌어질 것이다. 그래서 모두의 도움이 필요하다."

"무엇이든 말씀만 하십시오."

"오늘부터 사병들을 모두 왕의 직속 군대인 왕당에 배치하겠다."

"예?"

귀족들은 깜짝 놀랐다. 자신들의 군대를 왕이 빼앗아 가겠다는 말과 다름없었다.

"예? 하지만 그것은……."

"싫단 말이냐? 군대를 하나로 모으는 것은 앞으로 있을 전투에서 승리하는 데에 반드시 필요한 일이다. 싫다는 것은 반역과 다름없다!"

반역이라는 말에 귀족들은 더 이상 아무 말도 할 수 없었다.

귀족들은 울며 겨자 먹기로 자신들의 병사를 나라에 내놓을 수밖에 없었다. 어린 왕이라고 무시했다가 그만 큰코다친 격이었다.

사병이 해체되자 자연스럽게 귀족들의 힘은 약해지고 광개토 대왕에게 권력이 모아졌다.

"이제야 백제를 칠 모든 준비가 끝났다."

왕당에서 일사불란하게 훈련을 받는 군사들을 보며 광개토 대왕은 고개를 끄덕였다.

며칠 뒤, 광개토 대왕은 성문사를 찾았다.

성문사는 소수림왕 때 고구려에 세워진 최초의 절이었다. 소수림왕은 태학을 세우고 법을 만들었을 뿐만 아니라 백성들 사이에서 이미 널리 퍼져 있었던 불교를 적극적으로 받아들인 왕이었다.

어린 시절에 광개토 대왕은 큰아버지인 소수림왕과 함께 자주 절을 찾고는 했다.

"담덕아, 내가 왜 불교를 받아들였는지 아느냐?"

"모르옵니다."

"고구려는 전쟁이 많은 나라다. 한번 전쟁을 치르고 나면 수많은 백성들이 죽거나 다친다. 백성들은 그래서 늘 불안한 마음으로 살고 있지. 그런 백성들의 마음에 불교가 평화를 준다는 사실을 알게 되었다. 그래서 나라에서는 엄하게 금했던 불교를 공인하게 된 것이다."

"백성을 생각하는 큰아버지의 마음을 본받고 싶습니다."

"그래. 담덕아, 내게는 아들이 없으니 내가 죽고 나면 나의 아우이자 너의 아비인 이련이 왕이 되겠지. 그다음의 왕은 바로 네가 될 거야. 왕이 된다면 백성들이 불교를 더욱 잘 믿을 수 있도록 하여라."

"예, 명심하겠습니다."

소수림왕이 죽고 나서도 광개토 대왕은 힘든 일이 있으면 절에 가서 기도를 올리고는 했다.

'부디 고구려를 누구도 넘볼 수 없는 강한 나라가 되게 해 주십시오.'

스님은 광개토 대왕의 결의에 찬 눈빛을 보았다.

"곧 큰 전투가 시작될 모양이군요."

"그렇습니다."

광개토 대왕은 고개를 끄덕이며 말했다.

"저는 백성들이 불교로 마음의 평화를 얻을 수 있게 힘쓰겠습니다. 폐하는 부디 전투에서 승리하고 돌아오십시오."
"감사합니다."

관미성에서 싸우다

광개토 대왕은 신하들을 불러 모았다.

"이제 백제와의 전쟁 준비가 끝났다. 우리는 관미성을 먼저 칠 것이다!"

관미성은 백제의 수도 한성을 지키는 요새였다.

신하들은 깜짝 놀랐다.

"관미성이라니요? 관미성은 바다의 절벽 위에 쌓은 성입니다. 우리 고구려군은 해전에 약해서 공격하기 어려울 듯합니다."

"맞는 말입니다. 우리와 달리 백제는 해전에 무척 강합니다."

"관미성 앞바다에는 우리와는 비교도 안 되는 커다란 전투선(船)이 많습니다."

"관미성의 장수는 한 번도 패배한 적이 없다고 합니다."

여기저기서 반대 의견들이 쏟아졌다. 광개토 대왕은 단호하게 말했다.

"나도 알고 있다. 하지만 관미성은 바다와 접해 있기도 하지만 높은 절벽과도 맞닿아 있다. 우리 고구려군은 험악한 산세에 익숙하지 않느냐? 바다가 아니라 산 쪽에서 전투를 치른다면 승산이 있다. 비록 어려운 전투가 되겠지만, 관미성만 무너뜨린다면 백제의 도읍 한성까지도 쉽게 진출할 수 있게 된다."

신하들은 광개토 대왕의 깊은 뜻에 놀랐다.

이윽고 백제로 출격하는 날이 다가왔다. 광개토 대왕이 군사들 앞에서 외쳤다.

"모든 전쟁 준비가 끝났다. 이제 우리는 백제를 치러 갈 것이다!"

"와아아아!"

모두의 우렁찬 함성이 궁궐을 가득 채웠다. 군사들의 사기는 하늘을 찌를 듯했다.

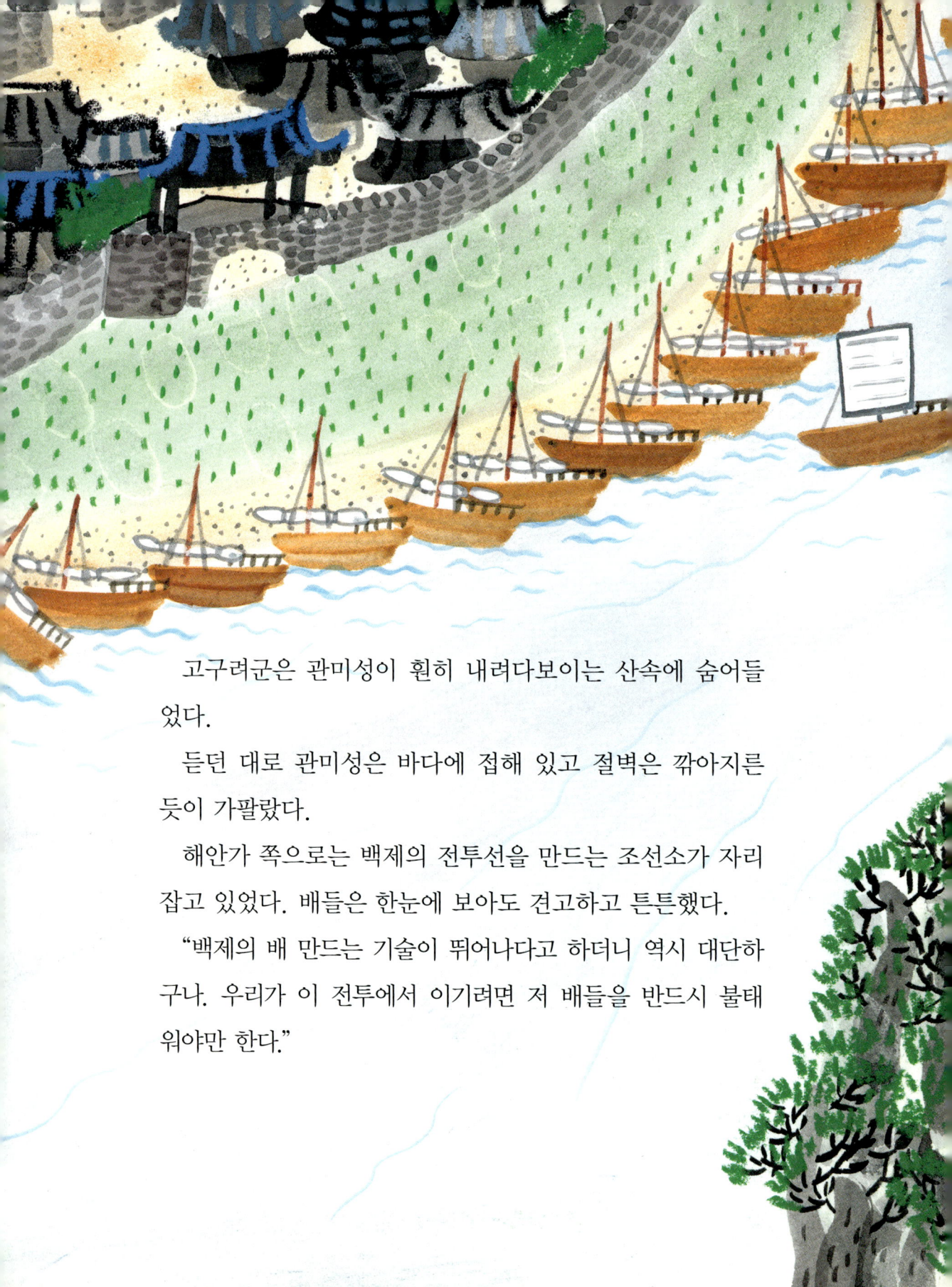

　고구려군은 관미성이 훤히 내려다보이는 산속에 숨어들었다.
　들던 대로 관미성은 바다에 접해 있고 절벽은 깎아지른 듯이 가팔랐다.
　해안가 쪽으로는 백제의 전투선을 만드는 조선소가 자리 잡고 있었다. 배들은 한눈에 보아도 견고하고 튼튼했다.
　"백제의 배 만드는 기술이 뛰어나다고 하더니 역시 대단하구나. 우리가 이 전투에서 이기려면 저 배들을 반드시 불태워야만 한다."

광개토 대왕의 말에 모두 깜짝 놀랐다.

"하지만 폐하! 우리 군사가 저기까지 내려갔다가는 곧 죽은 목숨입니다."

"배를 불태우기도 전에 사로잡히고 말 것입니다."

"그렇다고 어찌 가만히 있겠느냐? 우선 우리 병사들 중 몸이 마른 자 두 명을 뽑아라."

"아니, 그게 무슨 말씀이십니까? 모든 군사들이 일시에 달려들어도 이길까 말까인데 겨우 두 명, 그것도 몸이 마른 자라니요?"

광개토 대왕의 깊은 뜻을 알 수는 없었지만, 두 명을 선발한다는 말에 여러 용맹한 군사들이 나섰다.

광개토 대왕은 그중 용우와 항저에게 임무를 맡겼다.

"관미성에서의 승부는 너희에게 달렸다."

"믿고 맡겨 주십시오!"

용우와 항저는 고구려에서 도망쳐 나온 군사처럼 꾸미고는 관미성 앞으로 갔다.

"거기 멈춰라! 너희들은 고구려의 군사들이 아니냐?"

"제발 살려 주시오. 부탁이오."

"우리는 고구려 군대에서 탈출했소. 우리가 고구려군에 대한 중요한 정보를 줄 테니 우리를 백제군에 받아 주시오."

"흠, 그것이 사실이냐?"

백제 군사들은 용우와 항저를 사로잡아 관미성 안으로 데려갔다.

산속에서 몰래 지켜보던 광개토 대왕은 조용히 고개를 끄덕였다.

용우와 항저는 관미성의 성주 앞에 끌려갔다.

"너희들이 고구려군에서 탈출하였다고?"

"그렇습니다. 고구려의 왕은 군사들을 어찌나 괴롭히는지 고생이 말도 못 합니다."

"지난번 백제와의 전투에서 승리하였는데도 그것으로는 부족하다며 매일 고된 훈련을 시키고 밥도 굶겼습니다."

"그게 사실이더냐?"

"그렇습니다. 배가 고파서 도저히 참지 못하겠습니다."

"제발 저희들을 백제군에 받아 주십시오."

"흠……."

관미성 성주는 용우와 항저의 말을 완전히 믿을 수는 없었다.

"너희들의 말을 내가 어떻게 믿을 수 있겠느냐?"

"며칠 뒤에 고구려의 왕이 관미성을 치러 올 것입니다. 미리 동태를 살피라고 저희들을 보낸 것입니다."

"그러니 저희들을 우선 일꾼으로 쓰십시오. 열흘 뒤에 정말로 고구려군이 쳐들어오면 그때는 믿으실 것이 아닙니까?"

"좋다. 그렇게 하도록 하지."

의심 많은 관미성 성주는 용우와 항저를 일꾼으로 쓰는 대신에 옥에 가두어 두었다.

해가 완전히 저물자 용우와 항저는 서로를 도와서 옥을 탈출했다. 담을 넘어서 조선소로 간 용우는 작은 횃불을 밝혀 아군에게 자신들의 위치를 알렸다. 그런 다음, 배에 불을 질렀다.

멀리서 횃불을 본 광개토 대왕은 이번에도 고개를 끄덕였다.

"성공이다. 곧 출격을 준비하라!"

불은 활활 타올랐다.

"불이다! 배에 불이 났다!"

관미성에서 백제의 군사들이 뛰쳐나왔다. 불길 때문에 관미성은 대낮처럼 환해졌다. 모두들 불을 끄기 위해 정신없이 움직였지만 불길은 쉽게 잡히지 않았다.

결국 불길은 조선소의 모든 배들을 집어삼키고 말았다.

"아…… 귀중한 배들이 전부 사라져 버렸구나!"

관미성 성주는 재만 남은 배들을 보고 망연자실했다.

"지금이다!"

"돌격하자!"

광개토 대왕의 명령에 고구려 군사들은 우렁찬 함성을 외치며 돌진했다.

"적이 쳐들어온다!"

"고구려군이다!"

"어서 성문을 닫아걸어라!"

"서둘러라!"

백제 군사들이 관미성의 문을 닫았지만, 미처 성에 들어가지 못한 군사들은 고구려군의 칼에 쓰러졌다.

관미성 성주가 외쳤다.

"우리 배를 모두 불 지른 것이 너희들의 짓이었구나!"

"그렇다. 항복한다면 너희 모두를 우리 고구려 군사로 받아 주겠다."

"항복은 없다! 한번 싸워 보자!"

관미성 성주는 관미성을 꽁꽁 걸어 잠그고는 백제의 왕에게 도움을 요청하는 편지를 썼다. 하지만 백제의 왕인 진사왕은 관미성을 지키는 것에는 관심이 없었다.

"고구려의 왕이 관미성까지 쳐들어왔다고?"

진사왕은 광개토 대왕의 용맹함을 익히 들어 알고 있었다.

"어차피 질 것이 뻔하구나. 나는 이 편지를 보지 못한 것으로 하여라."

무책임하게도 진사왕은 요청을 무시한 채 사냥을 떠나 버렸다.

관미성의 문을 걸어 잠근 지 일주일이 되었다. 궁에서도 아무 소식이 없자 관미성의 성주는 초조했다. 성안의 식량은 전부 바닥나 버렸다. 불을 끄느라 녹초가 됐던 군사들은 이제 굶주림과 싸워야 했다.

"성주님, 그만 항복하는 것이 어떻겠습니까?"

배고픔에 지친 장수들이 성주에게 애원했다.

"그런 소리 하지 마라! 관미성을 잃는다면 우리 백제의 앞날도 보장할 수 없다. 고구려군은 먼 길을 왔고 또 산에서 노숙을 하느라 곧 지칠 것이니 그때를 기다리자."

관미성 성주는 더 버텨 보기로 했다.

10월의 밤은 길고 추웠다. 관미성 성주는 고구려군의 체력이 점점 떨어질 것이라고 생각했다. 하지만 고구려군의 사기는 오히려 점점 더 올랐다.

고구려는 북쪽에 위치해 있어서 한여름에도 밤에는 몹시 서늘했다. 추위는 고구려군에게 아무 문제가 되지 않았다. 또한 오랜 시간 훈련해 왔기에 모두들 체력이 좋았고 광개토 대왕도 군사들에게 끊임없이 용기를 주었다.

"우리는 반드시 이기고 돌아간다. 우리의 승리가 눈앞에 있다!"

"와아아아!"

고구려군의 함성이 울릴 때마다 관미성의 군사들은 두려움에 떨었다.

고구려군이 관미성에 온 지 열아홉째 날이 되었다.

"이제 더는 기다릴 수 없다. 오늘 승부를 내야 한다."

"예!"

"백제군은 이미 지칠 대로 지쳤다. 우리 군이 일곱 길로 나누어서 돌진한다면 백제군도 어찌하지 못할 것이다."

고구려군은 광개토 대왕의 명령대로 총 일곱 부대로 나누어서 관미성을 공격했다. 곧 성문이 열렸다. 부서진 성문 안으로 고구려군이 물밀 듯이 쏟아져 들어갔다.

"끝까지 싸워라!"

"도망치지 마라!"

관미성 성주는 백제 군사들에게 소리쳤다. 하지만 이미 자신도 가슴에 화살을 맞은 상태였다. 관미성 성주는 피가 철철 나는 가슴을 부여잡고 계속해서 군사들을 지휘했다. 하지만 밀려

드는 고구려군을 이길 수 없었다.

관미성은 순식간에 함락되고 말았다.

"우리 고구려가 해냈다!"

"관미성은 이제 우리 것이다!"

광개토 대왕이 왕위에 오른 지 일 년도 되지 않아서 거둔 큰 승리였다.

관미성을 함락한 광개토 대왕은 그 주변의 다른 요새들도 하나하나 손아귀에 넣었다.

그러던 어느 날이었다.

어두운 밤, 홀로 요새를 순찰하던 광개토 대왕은 길가에 주저앉아 울고 있는 어린 소년을 발견했다.

"왜 울고 있느냐?"

소년은 고개를 들어 광개토 대왕을 보았다. 광개토 대왕의 황금 갑옷이 달빛을 받아 번쩍이고 있었다. 소년은 울음을 뚝 그쳤다.

"피란을 가던 중이었는데 아비의 손을 놓쳤습니다."

"안됐구나. 내가 네 아비를 찾아 주겠다."
"그것이 정말이십니까?"
"자, 내 손을 잡고 말 위로 오르도록 해라."
소년은 조심스레 광개토 대왕의 손을 잡았다.
"고맙습니다."
"이랴!"
소년을 태우고 광개토 대왕은 인근 마을을 돌았다. 여기저기에 군사들과 백성들의 시체가 널려 있었다. 그 모습을 본 광개토 대왕은 마음이 아팠다.
'전쟁은 우리 고구려의 백성들뿐 아니라 백제의 백성들까지 불행하게 하는구나.'
그때였다.
"호야! 어디 있느냐? 호야!"
"아! 아버지의 목소리예요."
소년의 표정이 밝아졌다.
광개토 대왕은 말을 몰아 소리가 나는 곳으로 갔다. 목소리의 주인은 광개토 대왕을 보고 깜짝 놀라서 땅에 엎드렸다.
"아이고, 제발 살려만 주십시오. 저는 죽여도 좋으나 제발 제 아들만은……."

"아버지! 이분은 나쁜 분이 아니에요. 저를 여기까지 데려다주셨어요."

소년은 말에서 팔짝 뛰어내렸다. 그러고는 주머니에 손을 넣고 잠시 만지작거리더니 결심했다는 듯이 주머니에서 무언가를 꺼내 광개토 대왕에게 내밀었다.

그것은 돌로 깎아 만든 작은 말이었다.

"아버지를 만나게 해 주셔서 감사해요. 선물로 이걸 드릴게요."

말을 건네받은 광개토 대왕은 미소를 지었다. 돌로 깎아 만들었지만 말의 근육과 갈기가 살아 있는 듯했다.

"말이로구나. 네가 직접 만들었느냐?"

소년이 부끄러운 듯 고개를 끄덕였다.

"예, 제가 아버지에게 배워서 처음 만든 것입니다. 아버지는 훌륭한 석공입니다. 저도 나중에 꼭 석공이 될 것입니다."

"참으로 훌륭한 재주를 가졌다. 고맙구나. 이랴!"

광개토 대왕은 인사를 하고 말 머리를 돌렸다. 그러다 다시 뒤돌아서 물었다.

"너의 이름은 무엇이더냐?"

"저는 호라고 합니다."

"호라……, 다음에 만났을 때는 멋진 석공이 되어 있겠구나."

"예! 물론입니다!"

호는 점점 멀어져 가는 광개토 대왕의 뒷모습을 한참 동안 바라보았다.

얼마 뒤, 백제 정벌을 마친 광개토 대왕은 다시 고구려로 돌아갔다.

"폐하 만세!"

"고구려 만세!"

떠나올 때와는 모든 것이 달라져 있었다.

힘든 전투를 슬기롭게 이겨 낸 광개토 대왕을 우습게 보는 사람은 이제 아무도 없었다. 귀족들과 백성들은 모두들 광개토 대왕을 우러러보았다.

궁으로 돌아온 광개토 대왕은 신하들에게 명하였다.

"백제의 백성들은 아무 잘못이 없다. 우리가 차지한 지역에 사는 백제 백성들을 모두 고구려인으로 받아 주고, 고구려인과 똑같이 대우해 주어라. 앞으로 있을 전투에서도 마찬가지이다. 알겠느냐?"

"예!"

정무를 마친 뒤, 광개토 대왕은 뒤뜰에서 활을 쏘았다. 문득 옷 안에 무언가 묵직한 것이 느껴졌다. 주머니에 손을 넣어 보니 얼마 전 전쟁터에서 만난 소년이 선물로 건넨 말이었다.

'참으로 총명하고 재주 있는 아이였다. 잘 지내고 있는지 모르겠구나!'

한편, 호와 호의 아버지는 고구려 땅으로 넘어왔다.

"호야, 듣자 하니 백제 백성들도 고구려인으로 받아 주고 고구려인과 똑같이 대우해 준다는구나."

"그것이 정말이에요?"

"그렇단다. 이제 여기 고구려 땅에서 정착하여 살아 보자. 이 아비가 석공 일을 열심히 해서 배불리 먹게 해 주마."

"와! 신난다."

호는 틈틈이 아버지에게 돌을 다루는 법을 배웠다. 어느새 호의 손에도 아버지처럼 굳은살이 자리 잡았다.

"훌륭한 석공이 될 거야. 꼭!"

계속되는 전쟁

며칠 뒤, 백제에 보냈던 첩자가 돌아왔다.

"폐하, 진사왕이 결국 죽임을 당하고 조카가 되는 자가 왕의 자리에 올랐다고 합니다. 그는 아신왕으로 진사왕과는 달리 무척 비범한 자라고 합니다."

"결국 그렇게 되었구나. 진사왕 그자는 관미성 성주의 용맹함에 비해서는 너무나 보잘것없었다."

화살을 맞고도 끝까지 군사들을 지휘하던 관미성 성주를 떠올리며 광개토 대왕이 말했다.

관미성을 빼앗긴 뒤 나라 안에는 진사왕에 대한 비난이 들끓었고, 백제의 분위기는 엉망이 되었다. 결국 아신왕은 나랏일을 돌보지 않는 진사왕을 죽이고 스스로 왕위에 오른 것이다.

"아신왕은 반드시 관미성을 되찾으려 할 것이다. 그뿐이 아니라 복수를 위해서 온갖 수단과 방법을 가리지 않을 것이야. 그러니 장수들은 작은 승리에 취해서 훈련을 게을리해서는 안 될 것이다."

"예!"

얼마 뒤, 광개토 대왕의 짐작대로 아신왕은 만오천여 명의 군사를 관미성으로 보냈다.

"백제군이여! 관미성을 반드시 되찾아라!"

광개토 대왕 역시 명령을 내렸다.

"관미성을 반드시 지켜 내야 한다!"

고구려군은 관미성에 쳐들어온 백제군을 물리쳤을 뿐만 아니라, 이듬해에는 수곡성에서 단 오천 명의 군사로 백제군에게 큰 승리를 거두었다. 또한 대동강에서 백제군을 물리치기도 했다. 하지만 거듭 전투에서 패하면서도 백제군은 포기하지 않고 공격을 해 왔다.

백제가 잠시 잠잠한 틈을 타 광개토 대왕은 거란과의 싸움에서 이겼다. 그러나 그 기쁨도 잠시, 나라 안은 뒤숭숭했다.

"폐하, 백제가 남쪽 땅을 또 공격해 왔습니다. 이번에는 그

규모가 무척 대단합니다."
"뭐라! 지긋지긋한 놈들이구나. 안 되겠다. 이제 백제를 완전히 무릎 꿇게 할 때가 된 것 같구나."
광개토 대왕은 다시 전쟁을 준비했다.

둥, 둥, 둥!
우렁찬 북소리에 맞춰 군사들이 신속하게 대열을 갖추고 섰다.
거란과의 전투가 끝난 지 얼마 되지 않았지만, 군사들의 얼굴은 피곤보다는 결의로 가득 차 있었다.
"우리는 오늘 백제를 정벌하러 간다!"
"와!"
광개토 대왕의 외침에 모두들 우레와 같은 함성을 내질렀다.

"이번에야말로 선대왕이신 고국원왕의 앙갚음을 하고야 말겠다!"

"와!"

"우리의 작전은 다음과 같다. 철갑 기병은 육로로 한성까지 돌격하고, 수군은 한성의 인근 바다로 바로 상륙한다. 철갑 기병과 수군은 한성에서 만난다. 알겠느냐?"

"예!"

"출격이다!"

둥, 둥, 둥!

다시 북소리가 울려 퍼지자 모두 발을 맞춰 빠른 걸음으로 나아갔다.

맨 앞에 선 것은 투구와 갑옷으로 무장을 한 철갑 기병들이었다. 갑옷에는 작은 쇳조각을 생선 비늘처럼 덧대어서 가볍고 튼튼했다. 발에는 바닥에 뾰족한 쇠침을 박은 신을 신었다. 이 신은 말 위에서 적군을 내려칠 때 쓰는 무기이기도 했다.

말 역시 철갑 옷을 입고 투구를 썼다. 말 위에 오른 수만 명의 철갑 기병들의 모습은 보기만 해도 그 위엄에 오금이 저릴 정도였다.

철갑 기병들의 뒤로는 긴 창을 든 부대가 촘촘하게 섰다. 부대는 적이 말을 타고 공격해 오면 순식간에 창을 날려서 군사와 말을 쓰러뜨렸다. 창 부대가 죽 줄지어 서면 그것만으로도 대단한 방패막이가 되었다.

그 뒤로는 허리춤에 화살통을 매단 궁수, 도끼를 든 부월수 등이 뒤따랐다. 맨 뒤에는 군사들의 먹을 것과 무기를 실은 수레 수백 대가 이동했다.

이 모든 것을 황금 철갑 옷을 입은 광개토 대왕이 맨 앞에서 지휘했다. 큰 말에 올라 용맹하게 전진하는 광개토 대왕의 모습은 멀리서 봐도 한눈에 띄었다. 군사들은 광개토 대왕과 함께 있다는 것만으로도 두려움을 잊고 힘을 냈다.

"꼭 이기고 돌아오세요!"

"위대한 폐하, 만세!"

백제와의 전쟁을 치르러 가는 행렬이 고을을 지날 때마다 백성들은 용기를 북돋아 주며 손을 흔들었다.

오랜 시간 행군을 한 끝에 백제가 공격을 하고 지나간 청목령에 이르렀다. 백제군이 휩쓸고 간 고을은 이미 쑥대밭이 되어 있었다.

그 광경을 본 광개토 대왕은 분노했다.

"용서할 수 없다! 이번에야말로 백제를 완전히 물리쳐서 다시는 우리 고구려를 넘볼 수 없게 하자."
"예!"
군사들의 함성이 천하를 쩌렁쩌렁 울렸다.
한껏 오른 사기 덕분이었는지 광개토 대왕의 철갑 기병이 지나가는 자리마다 모두 고구려의 땅이 되었다. 며칠 만에 백제의 오십팔 개의 성과 칠백 개의 고을을 빼앗았다.
"자, 이제 한성으로 간다!"
광개토 대왕이 백제의 수도 한성에 도착했을 때, 고구려의 수군들은 여전히 서해 바다에서 전투를 벌이고 있었다. 고구려군은 백제군에 비해서 해전이 약한 터라 수군들이 고전을 면치

못하고 있었다.

"폐하가 한성에 당도하셨다고 합니다."

"우리도 서둘러 한성으로 가야 합니다!"

"한성에서 우리도 힘을 보태야 합니다."

"좋다, 싸우자!"

순식간에 고구려 수군의 사기가 올랐다.

고구려 수군은 백제의 전투선에 밧줄을 감아서 잡아당겼다. 서로의 배가 가까워지자 고구려 수군은 일순간 백제의 전투선에 쏟아져 들어갔다.

"이야! 내 창을 받아라!"

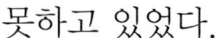

"윽!"

"으아아."

기습적인 공격에 백제의 수군들이 당황하였고, 그 틈을 타서 고구려 수군은 재빨리 창을 날렸다. 곧이어 서로가 칼과 창으로 직접 맞붙어서 싸우는 백병전이 이어졌다. 여기저기에서 시뻘건 피가 튀었다.

승리는 고구려의 것이었다.

"자, 이제 한성으로 가자!"

"폐하가 기다리신다!"

육지로 내려온 고구려 수군은 서둘러 한성으로 향했다.

한성의 도성 앞에서 철갑 기병들과 수군이 만났다.

"이제 모두 모였으니 천군만마를 얻은 것과 같구나. 아신왕은 당장 도성 문을 열라! 내가 여기까지 친히 왔도다!"

아신왕은 벌벌 떨며 성 밖을 내다보았다. 수만 명의 고구려 군사로 도성 앞이 빽빽했다.

"아, 이럴 수가! 독 안에 든 쥐가 되고 말았구나."

아신왕은 도성의 문을 열 수밖에 없었다.

"아신왕은 대고구려의 왕 앞에 무릎을 꿇으라."

아신왕은 조용히 무릎을 꿇고 머리를 조아렸다.

"우리가 감히 고구려를 넘보았습니다. 용서해 주십시오."

"네놈들이 감히 우리 선대왕이신 고국원왕을 해한 일을 기억하느냐?"

"잘못했습니다."

"나도 너의 목숨을 빼앗는 것으로 고국원왕의 앙갚음을 하려고 한다!"

광개토 대왕은 날카로운 검을 빼 들어 아신왕의 목에 가져다 댔다.

그러자 아신왕의 얼굴이 새파랗게 질렸다.

"제발 목숨만은 살려 주십시오. 이제 백제는 고구려를 섬기며 해마다 조공을 바치겠습니다. 제발 부탁드립니다."

왕의 비겁한 모습을 본 백제의 신하들은 모두 고개를 돌려 버렸다.

"그 말을 믿어도 좋겠느냐?"

"물론입니다. 제발 목숨만은 살려 주십시오."

"좋다. 앞으로 백제는 신하의 도리를 갖춰서 고구려에 충성을 다하여라."

"성은이 망극하옵니다."

광개토 대왕은 오랫동안 답답했던 속이 한꺼번에 뚫린 것처럼 시원해졌다.

"드디어 백제를 무릎 꿇렸다! 이제 죽더라도 선대왕들을 떳떳이 뵐 수 있게 되었다."

이 전쟁 뒤, 백제는 힘이 크게 약해졌고, 아신왕도 백성들에게 신임을 잃고 말았다.

하지만 아신왕은 여전히 다른 꿍꿍이를 가지고 있었다.

'내가 비록 무릎은 꿇었지만 반드시 이 치욕을 갚고 말겠다. 반드시!'

수십 년 만에 백제에게 큰 승리를 거두었지만 광개토 대왕은 기쁨에 빠져 있기보다는 앞날을 대비했다.

그러던 어느 날, 신라에서 사신이 찾아왔다.

"왜가 신라에 쳐들어왔습니다. 부디 고구려에서 군대를 보내 신라를 도와주시기를 바랍니다."

"왜가? 흠."

신라는 삼국 중에서 가장 힘이 약해서 늘 주변 나라로부터 시달리고 있었다. 하지만 신라는 고구려와는 도움을 주고받으며 좋은 관계를 유지하고 있었다.

평소 같았다면 광개토 대왕은 신라를 위해서 곧장 군사를 보냈겠지만 이번만은 달랐다.

"뭔가 수상하구나."

"폐하, 무엇이 말입니까?"

"이는 모두 백제가 꾸민 일일 것이다. 아신왕은 백제의 힘만으로는 우리를 이길 수 없다고 생각해서 왜에 도움을 청한 거야. 신라가 공격을 받으면 우리 고구려가 군사를 보내서 도울 것을 알았기 때문이겠지. 우리 군사들이 빠져나간 사이 분명 백제는 다시 공격해 올 것이다."

"그렇다면 신라에 절대로 군사를 보내서는 안 됩니다."

광개토 대왕은 고민에 빠졌다.

"하지만 백제, 왜, 가야의 연합이 신라를 손아귀에 넣는다면 우리에게 더 큰 위협이 될 것이다. 차라리 지금 신라를 도우면서 백제를 함께 치는 것이 더 낫다."

광개토 대왕은 오만 명의 보병과 기병을 신라로 보냈다.

고구려는 신라에 쳐들어온 왜를 무찔렀을 뿐만 아니라, 가야 연맹 전체를 흔들어 놓았다.

고구려가 신라에 쳐들어온 왜를 무찌르는 중 후연이 고구려에 쳐들어왔다.

"폐하, 후연이 서쪽 신성과 남소성을 빼앗았다고 합니다."

"그럴 수가!"

당시 북쪽에는 '모용'이라는 성을 가진 씨족이 세운 후연국이 있었다.

후연과 고구려는 한동안 평화로운 관계를 유지하고 있었다. 하지만 광개토 대왕이 왕이 되었을 때부터 후연은 사사건건 고구려에 시비를 걸기 시작했다.

"감히 중국의 황제만 쓰는 연호를 써? 참으로 건방지구나."

후연의 왕 모용성은 광개토 대왕이 보낸 조공도 받지 않았다.

그러더니 고구려가 신라를 돕는 사이에 쳐들어와서 성 두 개를 빼앗은 것이었다. 그것도 모자라 고구려 백성 오천 가구를 중국 땅으로 쫓아 보내고 후연의 백성들을 옮겨와 살게 했다.

광개토 대왕은 깜짝 놀랐지만, 우선은 신라를 돕는 일이 더 중요했다. 왜를 물리치고, 가야까지 크게 흔들어 놓은 뒤 광개토 대왕은 그제야 후연과의 전투를 준비했다.

"이제 가야는 힘을 못 쓰게 되었고, 한동안은 백제와 왜도 감히 우리를 넘볼 생각을 하지 못할 것이다. 안 그래도 이제 북쪽의 땅을 정벌하려던 참이었으니 잘되었다."

광개토 대왕은 더 넓은 영토를 가진 힘센 나라가 되려면 후연과의 전쟁은 피할 수 없다고 생각해 왔다. 게다가 후연이 자리 잡은 만주 벌판에는 척박한 고구려 땅에는 없는 수많은 자원들이 있었다.

"하지만 섣불리 공격하면 안 된다. 지금은 잦은 전쟁으로 군사들이 지쳐 있는 터, 일단 군사들을 푹 쉬게 하여라. 그리고 전국의 훌륭한 청년들을 새로 뽑아서 군대의 규모를 더욱 키우라."

광개토 대왕은 군대를 재정비하고 새로운 훈련법도 개발했다. 또한 많은 젊은이들을 왕당에 배치시켰다. 후연은 함부로 쳐들어가서는 안 되는 강한 나라였기 때문에 광개토 대왕은 준비를 철저히 하였다.

이 년 뒤, 드디어 준비를 마친 광개토 대왕은 직접 군사를 이끌고 요하강을 건넜다.

신성과 남소 두 성을 단숨에 되찾은 고구려군은 후연의 전략적 요충지인 숙군성을 공격하기로 했다.

"우리는 이제 숙군성으로 간다! 숙군성을 빼앗는다면 후연을 무너뜨리는 것도 시간문제다!"

"와아!"

군사들은 더욱 힘을 내서 숙군성으로 향하는 행군을 시작했다.

"좀 더 힘을 내어라! 승리가 눈앞에 있다!"

광개토 대왕은 행군을 하는 군사들을 격려하며 앞으로 앞으로 나아갔다.

그때였다.

군사들 사이에서 낯익은 얼굴이 하나 보였다.

이제 갓 스무 살을 넘겼을 법한 눈이 맑은 청년이었다.

'분명히 어디에선가 보았던 얼굴이다. 대체 누굴까?'

광개토 대왕은 청년에게 가까이 다가갔다.

"너의 이름이 무엇이더냐?"

"아!"

청년은 깜짝 놀라며 땅에 엎드렸다. 행군의 행렬이 일시에 멈추었다.

"저, 저의 이름은 '호'라고 합니다."

"호라······."

청년은 엎드린 채 벌벌 떨었다. 자신이 무엇을 크게 잘못한 줄 알았다.

그때 청년의 얼굴로 광개토 대왕의 손이 다가왔다.

"고개를 들어 보아라."

청년이 고개를 들자 광개토 대왕은 주먹 쥔 손을 펴 보였다. 손바닥 위에 돌로 만든 말이 놓여 있었다.

"아, 이것은!"

그것은 십 년 전, 어린 호가 돌로 만든 말이었다. 어찌나 자주 만지작거렸는지 말은 반들반들해져 있었다.

"네가 만든 것이 맞느냐?"

"그렇습니다. 이것을 왜 폐하께서…… 아, 그렇다면!"

그제야 호는 고개를 들어 왕을 올려다보았다.

자신을 구해 주었던 황금 갑옷의 주인공이 바로 눈앞에 있었다. 호는 단 한 번도 황금 갑옷을 입은 사람을 잊은 적이 없었다. 그런데 그 사람이 바로 광개토 대왕이었다니, 심장이 멎는 듯했다.

광개토 대왕은 칼을 든 호의 손을 바라보았다. 작고 부드러웠던 손은 십여 년 만에 뭉툭하고 굳은살이 박인 손으로 변해 있었다.

"고구려에 살고 있었구나."

"예, 관미성 전투가 끝난 뒤 아버지와 고구려로 넘어와서 편안

하게 살았습니다. 아버지가 돌아가신 뒤에는 고구려에 보답하고 싶은 마음에 군인이 되었고 이렇게 전쟁터로 나온 것입니다."

"장하구나."

광개토 대왕은 잠시 호를 따뜻한 눈빛으로 바라보았다. 그러고는 다시 말 위에 올랐다.

"모두 다시 행군을 시작한다!"

"예!"

"이랴!"

멀어지는 광개토 대왕의 모습을 호는 오랫동안 바라보았다. 광개토 대왕은 여전히 높고 위대해 보였다. 마치 아홉 살 때 보았던 모습처럼 말이다.

호는 숙군성을 향해 가는 발걸음에 더욱 힘을 실었다. 오랜 행군으로 발에 물집이 잡히고 피가 흘렀지만 조금도 아프지 않았다.

숙군성을 공격한 고구려군은 단숨에 성을 빼앗았다.

"감히 숙군성을 빼앗아? 그렇다면 나도 방법이 있다."

후연의 왕 모용성은 고구려의 요동성으로 향했다. 하지만 이미 요동성에서 기다리고 있던 고구려군에게 크게 패하고 말았다. 후연은 꽁지가 빠지게 도망쳐 버렸다.
"우리는 오늘 후연과의 전투에서 큰 승리를 거두었다!"
"와아!"
"이제 우리는 고구려로 다시 돌아간다!"
"와아!"
군사들은 고향으로 돌아갈 수 있다는 소식에 뛸 듯이 기뻤다.

집으로 돌아가는 발걸음은 전쟁을 치르러 올 때보다 가벼웠다. 밤이 오면 숲에서 야영을 하고 해가 뜨면 온종일 고구려를 향해서 걷고 또 걸었다.

그러던 어느 날, 한밤중이었다. 호는 잠이 오지 않아 혼자 야영장을 빠져나와서 너른 바윗돌 위에 누워 하늘을 보고 있었다.

"이야, 이 바윗돌 참 좋구나. 깎아서 두꺼비상을 만들면 딱이겠어! 아니다, 반질반질한 비석이 어울릴까? 멋진 계단으로 만들어도 좋겠어."

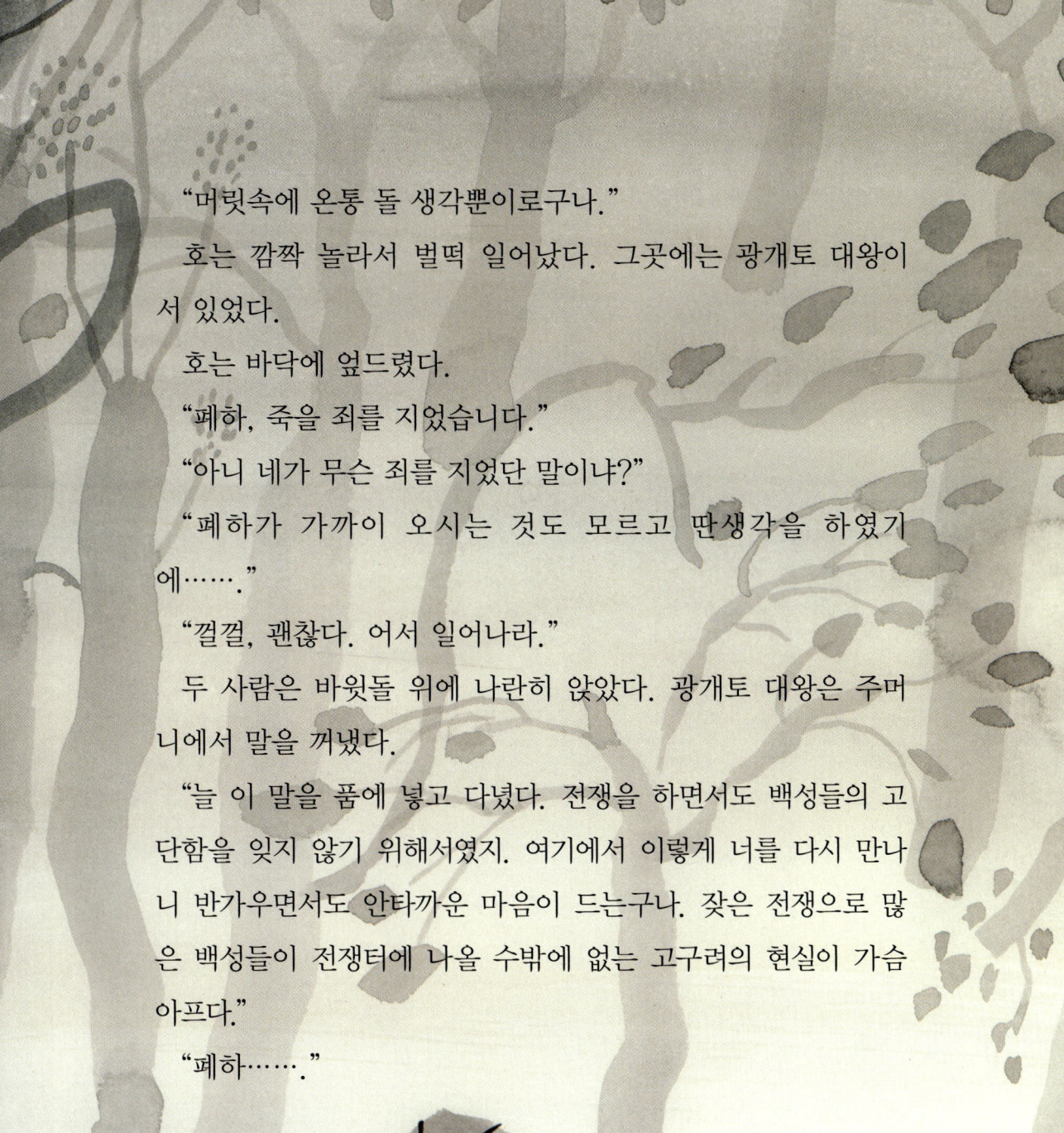

"머릿속에 온통 돌 생각뿐이로구나."

호는 깜짝 놀라서 벌떡 일어났다. 그곳에는 광개토 대왕이 서 있었다.

호는 바닥에 엎드렸다.

"폐하, 죽을 죄를 지었습니다."

"아니 네가 무슨 죄를 지었단 말이냐?"

"폐하가 가까이 오시는 것도 모르고 딴생각을 하였기에……."

"껄껄, 괜찮다. 어서 일어나라."

두 사람은 바윗돌 위에 나란히 앉았다. 광개토 대왕은 주머니에서 말을 꺼냈다.

"늘 이 말을 품에 넣고 다녔다. 전쟁을 하면서도 백성들의 고단함을 잊지 않기 위해서였지. 여기에서 이렇게 너를 다시 만나니 반가우면서도 안타까운 마음이 드는구나. 잦은 전쟁으로 많은 백성들이 전쟁터에 나올 수밖에 없는 고구려의 현실이 가슴 아프다."

"폐하……."

"하지만 이제 우리 고구려는 누구도 넘볼 수 없는 강한 나라가 되었다. 우리는 백제와 왜, 거란과 가야, 그리고 후연까지 정벌하였다. 이제 큰 전쟁은 끝이 났다."

광개토 대왕은 호의 손을 잡았다.

"너의 손은 귀한 재능을 지닌 손이다. 검이 아닌 연장을 들고 돌을 다듬어야 하는 손이다. 사람을 다치게 하는 게 아닌 사람에게 감동을 주는 일을 해야 하는 손이다."

"폐하……."

호의 눈에서 눈물이 흘렀다.

"알겠느냐?"

"예."

"드디어 내일이면 국내성에 도착하겠구나."

고구려로 돌아온 호는 칼을 내려놓고 다시 연장을 손에 들었다.

"그래. 다시 석공 일을 시작해 보는 거야. 이 일로 폐하께 입은 은혜를 갚을 수 있다면 좋을 텐데."

후연과 치열한 전쟁을 하면서도 광개토 대왕은 계속 백제와

왜의 연합에 주의를 기울이고 있었다. 백제는 고구려가 후연과 싸울 때마다 고구려에 쳐들어왔지만 번번이 패하고 돌아갔다.

고구려와의 전쟁에서 패한 후연은 내부 반란까지 일어나 나라 사정이 혼란스러웠다. 이때를 틈타 후연을 멸망시키고 북연이라는 나라가 세워졌다.

그러던 어느 날, 국내성의 도성에 화려한 행차가 당도했다.

"폐하, 북연의 왕이 폐하를 직접 만나 뵙고자 찾아왔다고 합니다."

"뭐라? 북연의 왕이? 어서 들라 하라."

광개토 대왕을 만난 북연의 왕 '고운'은 큰절을 올렸다.

"폐하, 제가 이렇게 찾아뵌 것은 신하의 나라로서 도리를 다하기 위해서입니다."

"신하의 나라라니?"

"사실 저는 고구려 왕실의 자손입니다. 저의 할아버지 고화는 모용황이 미천왕의 시신을 파헤쳐 가져갔을 때 함께 데려간 고구려 포로 오만 명 중 한 명이었습니다."

"그럴 수가!"

광개토 대왕은 깜짝 놀랐다.

"할아버지께서는 연나라의 왕인 모용성의 아버지 모용보의

양자가 되었고, 그 뒤 저는 모용보의 형인 모용희를 죽이고 스스로 북연의 왕이 되었습니다. 이제 저는 '모용'이라는 성을 버리고 '고'씨 성을 되찾았습니다. 고구려를 주인의 나라로 섬기겠다는 청을 들어주소서."

"좋다."

이렇게 해서 고구려는 북연과 우호 관계를 맺기로 했다. 고구려는 후연을 멸망시키고 스스로 속국이 되겠다는 북연의 청을 마다할 이유가 없었다.

408년 봄, 광개토 대왕은 맏아들 거련을 태자로 삼았다. 광개토 대왕이 왕위에 오른 지 십팔 년째 되는 해였다.

"거련아, 이 활을 받아라."

광개토 대왕은 아버지 고국양왕에게 받았던 동명 성왕의 활을 거련에게 주었다.

"아바마마, 이것이 무엇입니까?"

"그 활은 고구려를 세우신 동명 성왕의 활이다. 나는 왕위에 오른 뒤, 수많은 전투를 통해서 적국의 성 육십사 개와 천사백

여 곳이 넘는 고을을 차지하여 고구려의 영토를 넓혔다. 이 영토를 지키고 고구려를 지금보다 더 강력한 나라로 만드는 것이 네가 해야 할 일이다. 알겠느냐?"

"예, 아바마마."

활을 쥔 거련의 손끝이 떨려 왔다. 하지만 눈빛만은 결의에 차 있었다.

"제가 반드시 아바마마의 뜻을 이어 나가겠습니다."

광개토 대왕은 이제 나라 안을 정비하는 데에 힘쓰기 시작했다.

여러 중앙 관직을 새로 만들었고, 미천왕의 시신을 빼앗겼던 것과 같은 끔찍한 사건을 다시는 겪지 않기 위해서 왕의 능을 지키는 사람을 두는 수묘인 제도를 정비했다. 그 밖에도 아홉 개의 절을 지어서 백성들에게 불교를 널리 믿게 했다.

410년, 동부여까지 정벌하고 나자 고구려는 태평성대를 맞이하였다.

광개토 대왕은 아들 거련과 함께 만주 벌판을 내려다보며 말했다.

"이제 백성들이 더 이상은 전쟁의 두려움에 떨지 않겠구나."

"예, 모두 아바마마 덕분입니다."

"태자, 들어라. 임금으로서 백성들을 편안하게 하는 것보다

더 훌륭한 일은 없다. 알겠느냐?"
"예, 명심하겠습니다."
"백성들이 불교를 더 잘 믿을 수 있도록…… 윽!"
그때였다.
광개토 대왕이 갑자기 가슴을 부여잡고 쓰러졌다.

"아바마마! 아바마마! 당장 의원을 불러라!"

쓰러진 광개토 대왕은 쉽게 자리에서 일어나지 못했다.

"태자, 내가 할 일은 이제 끝난 것 같구나. 앞으로 고구려는 너에게 맡기마."

광개토 대왕릉비에 담긴 마음

광개토 대왕이 세상을 떠나자 나라는 온통 슬픔으로 뒤덮였다. 뒤이어 거련이 왕위에 올랐다.

"아바마마, 아바마마의 뜻을 제가 이어 가겠습니다."

거련은 슬픔에 빠진 백성들을 위로했다. 아버지 광개토 대왕의 장례도 성대하게 치렀다.

그다음 거련이 한 일은 전국의 제일가는 석공들을 수도 평양성으로 불러 모으는 것이었다.

"최고의 석공들을 찾아야 한다. 최고 중에서도 최고를 가릴 것이다!"

"폐하, 궁을 고치시려는 것이옵니까?"

신하들이 궁금해했지만 왕은 이유 모를 미소만 지어 보였다.

호는 뒤늦게 광개토 대왕이 세상을 떠났다는 소식을 듣게 되었다.
"아! 폐하!"
광개토 대왕을 위한 선물을 만들고 있던 호는 뜻밖의 소식에 깜짝 놀라서 연장을 떨어뜨리고 말았다. 선물은 말을 타고 만주 벌판을 달리는 광개토 대왕의 모습을 돌로 깎은 것이었다.

이제는 쓸모가 없게 된 미완성 동상을 보며 호는 슬픔에 잠겼다. 한동안 호는 석공 일을 손에서 놓고 방황했다. 그러던 어느 날, 고을에 방이 붙었다.

실력이 있는 석공들은 모두 궁궐로 모이어라.

"궁궐에서 석공을 찾는다고?"
갑자기 호의 가슴이 마구 뛰었다.
"무슨 일인지는 몰라도 궁궐의 일이라면 한번 가 보자. 폐하께 입은 은혜를 이번에 갚을 수 있을지도 몰라."
호는 서둘러 길을 떠났다.
한 달 뒤, 전국에서 내로라하는 석공들이 궁으로 모여들었다.
"자네도 무슨 일을 하는지 모르고 왔는가?"
"그렇다네."
"분명 대단한 일일 거야. 우리같이 실력 있는 석공들만 부르신 것을 보면 말이야."
"물론이지. 궁의 일을 하게 되다니 영광 아니겠나?"
그중 호는 가장 어린 나이였다. 빛나는 눈빛, 굳게 닫은 입술, 다부진 몸. 호는 나이 든 석공들 사이에서 단연 눈에 띄었다.

"아직 어려 보이는데, 자네도 석공인가?"

"그렇습니다."

"어떻게 이렇게 젊은 나이에 석공이 되었는가?"

"석공이셨던 아버지께 어려서부터 배웠지요."

"그렇구먼. 원래 고구려 사람인가?"

"아닙니다. 백제에서 태어났으나 관미성 전투 때 아버지를 따라서 고구려로 왔습니다."

그때였다.

갑자기 우렁찬 북소리가 들려왔다.

곧 왕이 모두의 앞에 모습을 드러냈다. 위풍당당한 왕의 모습에 모두 저절로 고개를 조아렸다.

"여기까지 오느라 모두 고생이 많았다."

"아닙니다!"

"영광입니다!"

왕은 궁 밖의 대지를 우러러보며 말했다.

"모두 저 넓은 중원의 들판을 보라. 저 땅은 아바마마이신 광개토 대왕이 평생을 바쳐 지키신 땅이다. 저 땅 덕분에 우리 고구려 백성들은 전보다 더 편안하고 배부르게 지낼 수 있게 되었지."

왕의 우렁찬 목소리가 궁 전체에 울려 퍼졌다.

"나는 저 땅에 아바마마의 업적을 기리는 비석을 세울 것이다."
"아아!"
"폐하, 훌륭하신 생각이옵니다."
신하들은 그제야 왕의 뜻을 알았다는 듯 고개를 끄덕였다.
"그래서 이 자리에 내로라하는 석공들을 불렀다. 이 일은 아무나 할 수 있는 일이 아니다. 천 년 뒤에까지 길이 남을 보물을 만들 것이기에 고구려에서 가장 실력이 있는 최고의 석공만이 이 일에 참여할 것이다. 모두의 실력을 시험한 뒤 최종적으로 광개토 대왕릉비를 세우는 작업에 참여할 석공을 가리겠다."
"예!"
호의 입에서 자신도 모르게 아, 하는 탄성이 새어 나왔다.
'내가 폐하를 위한 비석을 새긴다…… 얼마나 꿈만 같은 일인가!'
곧 궁궐에 모인 수십 명의 석공들이 작은 돌조각에 저마다 글씨를 새기기 시작했다. 모두 구슬땀을 흘리며 한 자, 한 자 정성을 다해 글씨를 새겨 나갔다.

호 역시 신중하게 돌에 글씨를 새겼다. 호의 눈빛은 맑게 빛났고 손은 정교하고 날렵했다.

정해진 시간이 끝나자 모든 석공들이 연장을 손에서 내려놓았다. 궁 안에는 긴장만이 감돌았다.

"지금 이름이 불리는 자는 이번 일에 최종적으로 참여하게 된다. 용, 우단, 막새, 구당…… 마지막으로 호!"

자신의 이름이 불리자 호는 가슴이 벅차오르는 것을 느꼈다.

"아! 내가 이런 귀한 일을 하게 되다니……. 기쁘다. 정말 기뻐!"

얼마 뒤, 광개토 대왕릉비를 세우는 작업이 시작되었다.

크고 단단한 돌을 골라서 네모반듯한 비석 모양으로 다듬는 데에만도 꽤 오랜 시간이 필요했다.

기초 작업이 끝나자 이제 글씨를 새겨 넣을 차례였다.

비석에 들어갈 글은 광개토 대왕의 업적에 대해서 고구려 최고의 문장가가 지은 것이었다.

호는 크게 숨을 들이쉬어 긴장을 풀었다. 그러고는 마침내 날카로운 연장을 비석에 가져다 댔다.

광개토 대왕은 영토를 크게 넓혔을 뿐만 아니라 나라를 평안하게 잘 다스렸다. 백성들은 광개토 대왕을 좋아하고 존경했다.

정성을 다해서 한 글자, 한 글자 비석에 새겨 나갈 때마다 호의 마음이 두근두근거렸다.

　어린 시절의 이름은 담덕이었다. 담덕은 386년 열세 살의 나이로 태자에 올랐다.

　여기까지 글자를 새긴 호는 눈을 감고 넓은 만주 평원을 떠올렸다. 광개토 대왕이 말을 타고 평원을 달리는 모습이 눈에 보이는 듯했다.

'폐하! 폐하는 그날을 기억하시옵니까? 폐하와 제가 처음 만났던 그날을 말입니다. 드디어, 드디어 폐하께 입은 은혜를 갚을 수 있게 되었습니다. 한 자, 한 자 정성을 다하겠습니다.'

잠시 추억에 잠겼던 호는 다시 비석으로 눈길을 옮겼다.

태자에 오른 담덕은……

광개토 대왕의 이야기가 호의 손끝에서 생생하게 깨어나기 시작했다.

…… 나라가 부강하고 백성이 편안하였으며 오곡이 풍성하게 익었다. 광개토 대왕은 그야말로 왕 중의 왕이었다.

드디어 마지막 글자까지 새겨 넣었다.
몇 달 동안 잠시도 연장을 놓지 않았던 호의 손도 멈췄다.
"끝났다."
호는 눈으로 되짚어 가며 비석에 새겨진 글자들을 마지막으로 점검하였다. 한 글자, 한 글자 또렷하고 정확했다.

그제야 호는 이마에 흐르는 땀을 닦았다.

오랜 작업으로 손에는 감각이 느껴지지 않을 정도였다. 연장을 쥐었던 손에는 피가 배어 나왔다. 하지만 조금도 아프지 않았다.

이제 비석을 바로 세우는 일이 문제였다.

국내성 동쪽 언덕 위에 광개토 대왕의 능이 있었다. 거기에서 얼마 떨어지지 않은 양지 바른 곳에 비석을 세우기로 결정이 났다.

비석은 눕혀서 수백 명의 장정들이 밧줄을 이용해 끌었다. 대단한 무게였지만 아무도 불평하는 사람이 없었다.

"우리 폐하를 위한 비석이라면 이렇게 내 힘을 보태는 것이 영광이지."

"암! 영광이고말고."

"조금만 더 힘을 내자고! 영차영차."

"으라차차!"

드디어 비석이 우뚝 섰다.

"이야! 정말 대단하구나."

모두 광개토 대왕릉비의 크기에 깜짝 놀라서 입을 벌렸다.

　광개토 대왕릉비의 높이는 사람 키의 네 배 정도 되었고 새겨진 글씨만 자그마치 1775자나 되었다.

　호는 튼튼하게 자리 잡은 광개토 대왕릉비를 올려다보았다. 햇빛에 반짝이던 광개토 대왕의 황금 갑옷처럼 비석은 눈이 부셨다.

"광개토 대왕의 업적은 몇천 년이 지난 뒤에도 절대로 사라지지 않을 거야. 이 광개토 대왕릉비가 있으니까."

그때 어디에선가 힘차게 달리는 말발굽 소리가 들려왔다. 호는 뒤를 돌아보았다.

너른 평원을 광개토 대왕이 바람을 가르며 달리고 있었다.

광개토 대왕의 모습이 사라질 때까지 호는 언제까지고 바라보았다.